AF234712

hellarosa

baum der stimmen

gedichte, fotos, collagen 2003 – 2017

Herstellung und Verlag:
BoD - Books on Demand, Norderstedt

ISBN 978-3-7528-4714-7

1
akrostichon

avatar

am baum der stimmen erliegen wir dem
charme von pandor**a**

vernetzt seine wurzeln wie synapsen wie
ein riesiges bioarchi**v**

amerikas urvolk trägt blaue haut und
bewohnt eine elektrisierende faun**a**

tote sprechen durch weiße haare in dieser
geschichte aus allen geschichten der zei**t**

alte schule der kampf um den großen baum,
der türme sein könnte oder troj**a**

reif sind wir erst, wenn wir keinen kampf mehr
brauchen für einen blockbuste**r**

griechischer held

griechischer held, vorbei ist dein tag.

ich erinnere dich fliegend auf einer welle.

ohne gewand ließ das land dich frei.

rätselhaft wie das orakel der matrix deine reden,
deine bewegungen enigma.

gott suchend zogst du deine kreise im lichte apollos.

oben und unten, im westen und osten sei schönheit
mit dir, giorgo.

strandlilien mögen deinen weg säumen ins goldene
blau.

myrtos, für g.

phasing

pulst das herz im galopp

haut wispert den fellfluch

alle raus in die fauna

spuren senden im kreis

im rudel wachst ihr ohne geschrei

nehmt die pfade der ahnen

gejagte ihr wölfe im kinderkrieg

stabat mater

so sehr aus der stille

töne ein ankommen

i am humming inside

lausche dem lichten

lieder enden

es ist auch im schweigen ein lauten

finger full circle

finger full circle in der umlaufbahn

izzie winkt aus dem holozän

nur alle paar zyklen so eine supernova

g-punkt in allen lüften über dem auditorium

eidechsenflüstern die flagiolets von down under

rollen massaitrommeln aus der gitarre

michelle ein rauschen der himmel im göttergesang

angekommen aller atem sich fliegen zu lassen

now and here sagst du geht kein jetzt vorbei

nur haba la haba flüsterst du noch in deinem
glücklichen lauf

seelen/the host

seelen sollen von stern zu stern pilgern ohne
buddhaprozess

es seien sanfte mörder, eroberer, silberne neogespinste

es sei eine vergangenheit in ihnen aus tang und
klauenwesen und blume

lassen sich wanderer manchmal nieder im bewohnten
schädel

ein murmeln und zischen in der troposphäre

netzmuster erkennen suchende in jedem buchstaben

verblendung

von frauen in verliesen wurde viel schon geschrieben
in unser archiv

es verliert nicht an schrecken in einer endlosschleife

revolverblätter schreien die keller von a. so gerne hervor

beachtet, auch ihr tragt blaubart-erinnerungen im leib

leben aber ist lisbeth und eine villa mit einem
apfelschimmel

es ist ein blonder engel mit holzpferd, den niemand liebte

nacht werde es über allen, die licht nehmen und nicht
geben

dunkelheit weiche von den vergessenen unter dem grund

unter allen häusern müssen wir suchen, im keller, das kind,
die frau

nachts blumen zu schicken wird nicht reichen

glück geht nur auf dem gemeinsamen weg

haus am see

hoffnung ist ein haus am see und ein milder patriarch

alle kommen zu besuch und er muss nicht raus aus der villa

unterhalt bringen designjobs oder die firma oder
irgendeine superschau

seine frau hat kunst studiert plus architektur und das sieht
man am haus

am besten sind die vielen kinder und das rousseau-klima

mutter malt morgens am lago und minerva lehrt unterm
zitronenbaum

sicher sind dort auch huck und oliver und rhodopis

es ist wie eine große wg nur für reiche und kleine

es gibt schlechtere männerträume

moonwalk

mondfarbe in deinem gesicht beim rezitieren von jackos
kindertraum

obamas kamen zu spät für dich, den träumer des weißen
afro

onyxfarben dein haar, wie ein hochhackiger schuh die nase
in deinem bröckelnden fresko

niemals hat es für dich ein land ohne vater gegeben

wer deinen totentanz sah, betete fortan zum gott dieser
scherenhandshow

apollo wolltest du sein, den geplagten achten erneuern
zur persona grata

liebe und warme kekse für alle kinder dein heiliger gral

küss den mond von mir, roter könig, auf deinem
wild side walk

und stacheldraht

und stacheldraht und zement nicht weit

alle freien tage wie perlen

bauen frauen dächer aus kissen

so sorglos lehnen sie selten an der sonne

fragile gesichter auf dem dachboden

reiche mit grünen kleidern und flügeln
noch fern

und dann hörte sie die vögel

und dann war sie fort

dann war da stille

hörte kein einziges ohr musik

sie lauschte auf

die wellen kamen

vögel sangen das wort ihrer schwester

2

kettentext

ariel

die ariel schönheit des schnees

blaues licht ein flockentraum

um mitternacht der widerschein

der zärtlichen blumen ein blenden

und wachen der kristalle

geordneter wuchs auf birkenhaaren

dieser farbe der stille

entsteigt eine schwanenhymne

nach lebensangst

triumph im dritten satz

fantaisie

schwarze enten mit nachtgrünen köpfen schweigen
am besten still.

niemand will wissen, welch krause buchstaben sie in
der herzogin garten spazieren fliegen.

schon von weitem verheißen ihre hirne chaos.

wer eines zuhörers bedarf, der schmücke sich lieber
mit geordneten federn.

er schwimme, will er respekt, grau meliert.

nehme, wie alle, den teich unter dem schloss.

vergnüge sich nicht auf quellgrünen nebenspiegeln.

lasse die nachtblauen ärmel ungelupft.

es sind die tauben, nicht die enten, die botschaften
ohne gleichen fliegen.

nicht enten, sondern pfauen tragen die neuesten
federn aus.

die kleinen gesellen in ihren kuriosen outfits aber
halten sich lieber hübsch und bedeckt.

ihr element ist nicht das entenhaus, sondern die
eremitage.

der gefiederte pfad

wie zärtlich

deine hände

heben die

federn auf

touren durch

kretische tropen

phantasieren wanderer in

der richnischlucht

die ehre erweisend

dem alten gewand der vögel

und federn

wie eine lichtspur

legst du lächelnd

dich bückend

und aufrichtend

steckst du

leichterhand flügel

an bäume

und felsen glaubend

streichelst mit klugen fingern du

den vogel

den wir nie sahen

und nie

hörten wir ihn

myrtos, für a.

puppe

in jeder frau eine puppe

die aufbricht um barbie zu sein

wie ein model und gut auszusehen

nach dem exzess wie kate

kruse und ihr echo in heidi

klara suchen und rosa

die farbe der fee

folgen die blumenkinder

von silke und gisela

undenkbar ohne die holzmädchen

aus den erzbergen gen russland

wo eine puppe in allen verschwand

3

freie verse

turbulenz

weißes wolkenmeer

über dem schwarzen

der himmel unter uns

reißt nicht auf

nur einmal

über den islamischen ländern

fielen und fielen wir

todesangst

in jedem gesicht

der störende arm des nachbarn

mit einem mal trost

augenflattern

und die trauer

der liebenden

im schwindend

geglaubten visier

jetzt halten sie wieder

die blicke

wir tragen die mienen

der lebenden

oben ist himmel

unten ist erde

heaven can wait

tabula rasa im wüsten land

karawane schreitet turmhoch funkelnd aus dem wüsten
horizont

wundersame *karawane* streicht braunes land in weißes
licht

estlands sanfte *karawane* bringt wasser fels quelle gras

fiedelte flüstermusik die *karawane* lächelnd auf diesen
saiten

entdeckte in utah die *karawane* der geiger aus israel

segnet uns mit schätzen der *karawane* das wunderkind

alles wächst überall nachdem raunend die *karawane*
erschien

im funkelnden mondlicht singend verschwindet
die *karawane*

madonna die große schwester

madonna die große schwester schwebt mädchenküssend
über dem ahornbaum dessen blattwerk sich wie das fell
eines irish setters über den bhw-farbenen himmel ergießt
während eine stretchlimousine entfernt zwei joggende
mädchen in kangaroos sich gruselnd an blair witch project
erinnern wo sie gestern während der mtv awards immer
mal wieder reingeschaut haben diese komischen
woodoodinger sagt die ohrlochdehnerin diese dido
sagt die magersüchtige und ein feingepixeltes karthago
entsteht vor den inneren augen der geschichtslehrerin
die im psychedelischen kastanienmeer trost sucht nach
einer gescheiterten liebe nicht alles war schlecht in den
nineteen-fifties sagt sie das wunder von bern mit der
freundin diskutierend alles kam langsamer nicht nur
die post auch die liebe und sie konnte weggehen und
wiederkommen wie kirschen sagt sie das erstarrte feuer
auf den bäumen betrachtend nicht die ganze welt war
verfügbar in einem großen rauschen da war stille und
der weg über die alpen war weit.

pico del teide I

nie waren wir näher

an gott

keine wüste ist stiller

kein auge höher

in diesem gebiet

wir stehen

über den wolken

am bäumeende

wir riechen ginster

und natternkopf

wir gefrieren die blicke

nur selten ein

rufen olá

wenn leute

die gedichtlinien kreuzen

ihre gesichter gehen

in etwas altes ein

ich verschwinde im gelben meer

– zu groß –

kein einziges mal

leugne ich gott.

pico del teide II

leckt mich am arsch
sagt der berg
an der einfahrt
zum nationalpark
lächerlich
was ihr da macht
wie ihr mich anbetet
all meine schatten
auf eurem papier
lachhaft
dieses material
ein zucken des alls
und dahin ist es
was glaubt ihr seid ihr?
unsterblich?
dass ich nicht lache
ein spucken von mir
und das wars
mit euch bergkrabblern
euren affigen namen
finger gottes
oder la catedral
so ein quatsch
spiegelt euch nicht
in mir
nehmt mich
wie ich bin
die steine
die pflanzen
die kreaturen
dies
mehr nicht
ist.

genießen sie

genießen sie exklusive sonnenbäder!

lassen sie sich unter südlicher sonne verwöhnen!

lassen sie sich regionale und mediterrane spezialitäten auf der zunge zergehen!

essen sie sich schlank!

trotzen sie der kälte!

entdecken sie die vielfalt!

machen sie jetzt einfach schluss mit dem buckeln!

wenn sie mehr wissen wollen, rufen sie uns an!

vertrauen sie uns!

powered by elle plus münchen

hero

als die nebenfrau kam

und blieb färbte sie sich

die haare pechschwarz

zum kindergeburtstag

des kleinsten den sie

mit hilfe der neuen bestritt

lackierte sie sich die nägel stahlblau

der kern der schwarzwälder kirsch

noch eis als sie stücke

den schwiegereltern zum tee serviert

ihr großer holt den laptop

zur tafel

spielt eine szene aus „hero" ab:

ist das nicht genial animiert?

warum nur denkt sie dabei an

rote laternen statt an kill bill

warum ihr gesicht schneeweiß

als sie vorm klospiegel um fassung ringt

sie zieht die lippen nach, korallenrot,

jetzt türe öffnen, ein grinsen

und kleine schritte,

in den tagen danach lauert schon irgendwo

der kimono.

sauna

ich erkenne dich blind

wenn du den blauen kreis betrittst

wenn du japsend

im wasser verblasst

wenn dein nacken schrägschultrig

aus der kälte kracht

wenn dein birnenbody

am sauna-eingang erstrahlt

wenn du mit schlaffen schlappen

die planken zur schwitzhütte schleifst

wenn deine hand zart von der hinterbank

meinen nacken graviert

wenn dein atem beim aufguss

an meinem hals verdampft

wenn du und ich uns

mit den anderen

zu einem körper veratmen

wenn wir seufzen und juchzen

wie beim orgasmus

wenn wir im schweißhaus

zu den ahnen hinabjagen

wenn wir später am abend

oben am dach

handtuchumflort

die gnade der postekstase erfahren

dann erkenne ich blind

das aroma

der liebe

für e.

aurora morgana

grüne geister

auf flüsternden laken:

im norden des herzens

sind die betten blau

wenn der winter kommt

bei tag und bei nacht

zünden himmelswesen

bengalische feuer

der gründe baldachin

steckt voller geheimnisse

gen süden

wo azurblaue dschinns

seidenbahnen verwehen

und aus gelben kissen

alte spiegelbilder

nach norden

sich erheben

von wo

später im jahr

regenbogen sonnenwassertrunken

brücken bauen

in die südlichen kammern

in unseren falten

in unseren falten

schlafen ungesagte worte

die man für

andere menschen zeiten

sich erfand

ja sie leben

in uns weiter

weil sie jene

welt uns formen

die man schweigend nur

sich sagen kann

uhrmeister

wie die flaschengrüne mähne des wassers die papierne
weite des tals durchmisst wie die rostroten triebe der
weide einen heiligen schein in den himmel stechen wie die
limettengelben arme des buschs nach der blinden erde
greifen wie das teerschwarze wasserrad eine uhr in den
schnee tätowiert wie das haar des vaters im rückspiegel
eins wird mit ihm

trennung

der wald steht starr

im roten fell

wind bläst

die haare

ihm vom leib

und nackt wird ihm

der fluch des eises

und der finsternis zuteil

kein nordlicht zeichnet sich

ihm ins gesicht

bis eisheiligen

wo klein sich

zukunft regt

und großes licht

das fell ganz neu

zur tränenschmelze

wachsen lässt.

jetzt

jetzt, sagt die sternschnuppe,
jetzt, sagt die mondfinsternis,
jetzt, sagt die sonnenwende.

jetzt, sagt der blitz,
jetzt, sagt der regenbogen,
jetzt, sagt das nordlicht.

jetzt, sagt die erde,
jetzt, sagt das wasser,
jetzt, sagt die luft.

jetzt, sagt die taglilie,
jetzt, sagt die dahlie,
jetzt, sagt die rose.

jetzt, sagt die eintagsfliege,
jetzt, sagt die echse,
jetzt, sagt der tiefseeschwamm.

jetzt, sagt die wunderkerze,
jetzt, sagt das feuerwerk,
jetzt, sagt das kerzenlicht.

jetzt, sagt das leben,
jetzt, sagt der tod.

mein bett

ich bin in meinem zimmer

meinem bett

hab auch die letzte wand

noch abgelegt

bin weich

dem hummerweibchen gleich

das schalenlos

zur paarung sich begibt

kein arg

kein weh

darf in den kopf

kein arbeitssorgentier

kein menschenhasserkropf

ich bin jetzt sicher

muss nicht mehr denken

der mond die märchen und

die träume

werden jetzt

mein wesen lenken

was wir sagen

was wir sagen

und was wir nicht sagen

wird in den räumen zwischen uns

wurzeln schlagen

mit einem lachen werden wir

auf dem weg zueinander

blumen pflücken

sollte uns eine wiese glücken

die platz hat für

dahlien, disteln, dianthus

emily

der kreis, ich,

immer wieder

diese graue membran

dieses papier

das alle weisen schluckt

ich höre glasglocken

fliegensummen

trauergesänge an rehe

den hass

von ganz griechenland

daddys stiefel

gegen sonnenstrahlen

gelehnt

rosen

kristalle

ich sehe immer noch

das eisschloss

in deinem gesicht

als du

der heide entsagst

als du mit nelly

in die helligkeit gehst

nur das glas

spricht nachts noch

von dir

ΣΧΟΛ

Διὰ τοὺ

τῶν Ἐϲ

ἐγκεκρι

deine großen schönen worte

deine großen schönen worte geistern
immer noch durch diesen raum
bilden eiskristalle an den fenstern
schreiben märchen in den staub

das feuer ist gelöscht, das kanapee
von zwanzig schnellen fingern zugedeckt
und auf des tisches handgewirktem tuch
steht ein leeres glas, von mund geblasen,

ausgetrunken, und in tiefen schlaf
versunken unsere große spiegelburg
wartet hier vermummt auf einen sommer
und auf gäste aus dem morgenland

dieses zimmer leise zu erwärmen,
das kanapee zu lüften leichterhand.

schwimmerin

jeden morgen
geht eine alte an land.
ihr jahrhundertkörper
das schwarze badegewand
tarnung nur
der aphrodite
beim morgenbad.

myrtos, für die witwe aus lamia

4

kein haiku

in die roten falten

in die roten falten

von asterousia

lege ich

die morgenfragen

fasse den saum

der messara

mit fürbitten ein.

auf der frühen höhe

auf der frühen höhe
beten die
grünen hände der bäume
zum wort.

schaf

weiße kindstimme
über den morgenwiesen
der schafmann ist da

auguss

röse

am breisenden abend

über fersigen weizen

gespreiht

zimmer die texte

zimmer die texte,
regal jeder satz: im wort
schlummern die bücher.

die frühjahrsrufe

die frühjahrsrufe
der vögel juwelen
im palast der jahre

gedankenquellen

akrostichon

avatar: titel eines us-amerikanischen science-fiction-films von james cameron

phasing: bezeichnet in stephenie meyers „biss"-vampir-trilogie die phase, in der die menschen sich in werwölfe verwandeln

finger full circle: impuls von einem konzert des australischen akustik-gitarren-spielers tommy emmanuel

seelen/the host: science-fiction-roman von der us-amerikanischen autorin stephenie meyer über außerirdische, die die körper der menschen bewohnen

verblendung: titel des ersten bandes einer krimi-trilogie von dem schwedischen schriftsteller stieg larsson

haus am see: lied des sängers peter fox

moonwalk: ein tanz, den es seit den 1940ern in der Filmwelt gibt und den der us-amerikanische musiker michael jackson (R.I.P.) sich von breakdance-kids abgeschaut hat

und stacheldraht: „die vierzigjährigen" ist ein Gedichtzyklus von dirk von petersdorff

und dann hörte sie die vögel: schlusssequenz aus dem roman „26a" von der englischen autorin diana evans

kettentext

ariel: name für engel, luftgeister (shakespeares „the storm") und ein reines waschmittel-weiß, impuls von winterlichem hören der musik des finnischen komponisten jean sibelius (1865 – 1957)

fantaisie: sommersitz der herzogin elisabeth friederike sophie von württemberg (1732 – 1780) in der nähe von bayreuth mit landschaftsgarten

freie verse

tabula rasa: ein musikstück nach ap

pico del teide I: höchster berg europas, auf teneriffa; gelbes meer: landstück im nationalpark pico del teide

pico del teide II: finger gottes oder la catedral: felsformationen im nationalpark

genießen sie: werbesätze aus einer elle-beilage

hero: martial-arts-film von zhang yimou

jetzt: zu den tieren, die am längsten leben, gehört der tiefseeschwamm, hier gibt es ein exemplar von ca. 11.000 jahren.

mein bett: das hummerweibchen muss tatsächlich die schale ablegen, um sich in der höhle des hummer- männchens zu paaren. das weibchen riskiert dabei, vom männchen aufgefressen zu werden.

emily: literarische vorbilder und bilder; syliva plaths glasglocke, jean-pauls sartres erinnyen aus die fliegen, der song for a dead doe der dichterin chrystos, die dichterin h.d. über helena, sylvia plaths daddy, emily dickinsons i taste a liquor never brewed, hilde domins gedicht nur eine rose als stütze, sylvia plaths spinster, tarjei vesaas' das eisschloss, emily brontés wuthering heights

kein haiku

in die roten falten: asterousia-gebirge in südkreta; messara: tiefebene im süden kretas; mesa heißt auf neugriechisch „die mitte"

schaf: anspielung auf das schafmotiv im werk des japanischen autors haruki murakami

poetische verfahren im „baum der stimmen"

akrostichon: gedicht, in dem die anfangs-/
end-buchstaben, -silben oder -wörter der verszeilen
oder strophen von oben nach unten gelesen ein wort
oder einen satz ergeben.

kettentext: das letzte oder erste wort (-paar) eines satzes/
eines verses/einer sinneinheit ist gleichzeitig der beginn
eines neuen satzes/verses/sinnzusammenhangs.

freie verse: die form entwickelt sich aus dem inhalt.

kein haiku: kurze texte, teilweise formal an den
japanischen haiku (drei verse mit 5-7-5 silben)
angelehnt; anders als der haiku folgen sie aber
keinen festen inhaltlichen und stilistischen regeln.

inhalt

hellarosa findet ihre
themen meist in der
alltagskultur des dritten
jahrtausends.
sie nimmt sich bücher,
lieder, orte, menschen
und filme vor und erforscht
ihre botschaften.
in experimentellen texten
verbindet sie popkultur
mit lebensäußerungen
aus anderen kulturen,
genres und epochen.
es entstehen bäume
der stimmen über alle
zeiten und grenzen
hinweg.

hellarosa, geboren 1964,
wohnt unter birken im
regnitztal, in worten aller
art, im netz und in der
möglichkeit.

mögen alle lebewesen
glücklich sein.

FSC
www.fsc.org

MIX

Papier aus ver-
antwortungsvollen
Quellen
Paper from
responsible sources

FSC® C105338